colegio - sukuu   2
viaje - akwantuo   5
transporte - akɔneabadie   8
ciudad - kuro kɛseɛ   10
paisaje - mmɔnten so asiesie   14
restaurante - adidibea   17
supermercado - sotɔɔpɔn   20
bebidas - nsa   22
comida - aduane   23
granja - afuo   27
casa - efie   31
living - asaso   33
cocina - mukaase   35
baño - adwareɛ   38
cuarto de los chicos - nkwadaa dan mu   42
ropa - ntaadeɛ   44
oficina - asoeɛ   49
economía - ɔman sikasɛm   51
ocupaciones - nwuma ahodoɔ   53
herramientas - anwenade   56
instrumentos musicales - nneɛma a yɛde bɔ nwom   57
zoológico - zoo   59
deportes - agokansie   62
actividades - nwumadie   63
familia - abusua   67
cuerpo - nipadua   68
hospital - ayaresabea   72
emergencia - putupru   76
Tierra - Ewiase   77
reloj - klɔko   79
semana - nnawɔtwe   80
año - afe   81
formas - abosuo   83
colores - ahosoɔ   84
opuestos - abirabɔ   85
números - nɔma   88
idiomas - kasa ahodoɔ   90
quién / qué / cómo - hwan / deɛ bɛn / ɛyɛ deɛn   91
dónde - ɛhen   92

AF284755

Impressum
Verlag: BABADADA GmbH, Nedderfeld 112 , 22529 Hamburg
Geschäftsführer / Verlagsleitung: Harald Hof
Druck: Books on Demand GmbH, In de Tarpen 42, 22848 Norderstedt

Imprint
Publisher: BABADADA GmbH, Nedderfeld 112 , 22529 Hamburg, Germany
Managing Director / Publishing direction: Harald Hof
Print: Books on Demand GmbH, In de Tarpen 42, 22848 Norderstedt

colegio
sukuu

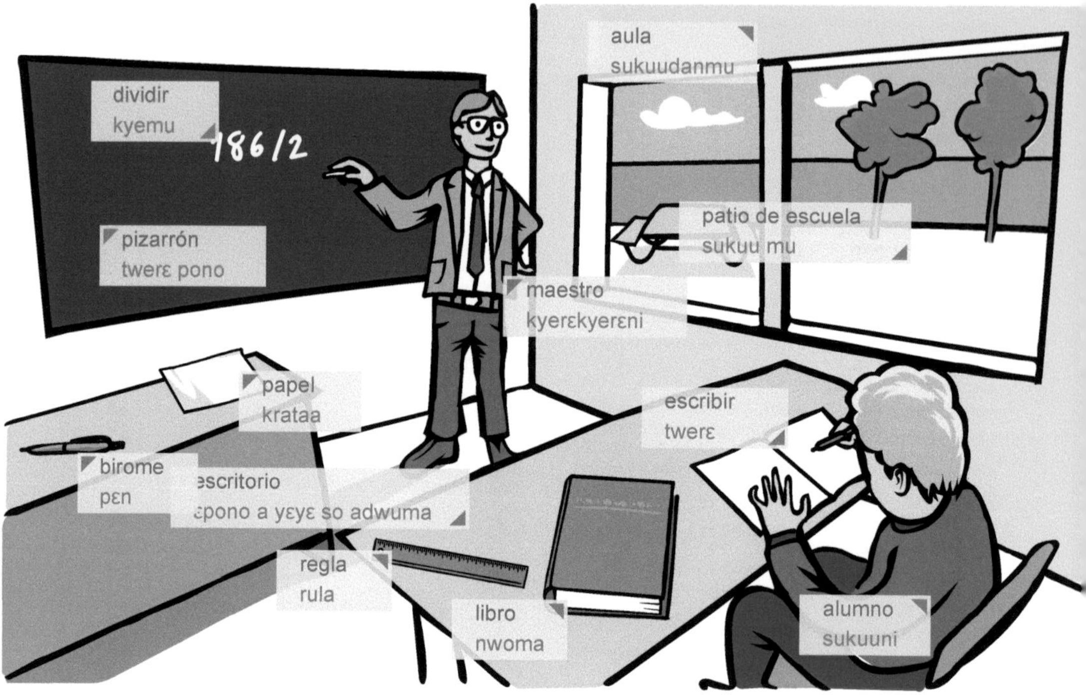
aula
sukuudanmu
dividir
kyemu
186/2
pizarrón
twerɛ pono
patio de escuela
sukuu mu
maestro
kyerɛkyerɛni
papel
krataa
escribir
twerɛ
birome
pɛn
escritorio
ɛpono a yɛyɛ so adwuma
regla
rula
libro
nwoma
alumno
sukuuni

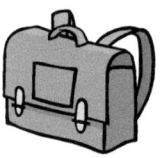

mochila

baage

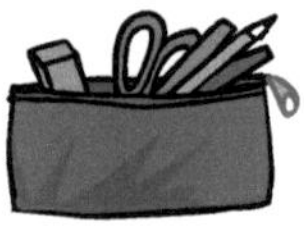

caja de lápices

twerɛdua konko

lápiz

twerɛdua

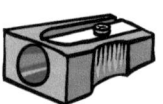

sacapuntas

deɛ yɛde sensen twerɛdua ano

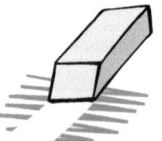

goma (de borrar)

rɔba

bloc de dibujo

krataa a yɛdwi adeguso

dibujo
adedwie

pincel
penti brɔhye

caja de pinturas
penti adaka

tijera
apasoɔ

pegamento
aman

cuaderno de ejercicios
nwoma a yɛyɛ mu adwuma

tarea
efie adwuma

número
nɔma

sumar
kabom

restar
te fri mu

multiplicar
mmɔho

calcular
sese

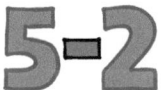

letra
lɛtɛ

abecedario
ntwerɛeɛ

palabra
asɛmfua

texto

ntwerɛdeɛ

leer

kenkan

tiza

kyɔk

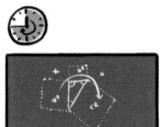

lección

adesua

cuaderno de clase

twerɛ wo din

examen

nsɔhwɛ

certificado

abodinkrataa

uniforme escolar

sukuu ataadeɛ

educación

adesua

enciclopedia

nyansa nwoma

universidad

suapɔn

microscopio

maakroskop

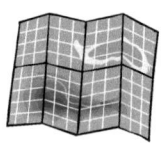

mapa

map

tacho (de basura)

kɛntɛn a yɛde krataa nwura
gu mu

viaje
akwantuo

hotel
ahɔhogyebea
Grand
hostel
hostɛl
ROOMS
EXCHANGE
casa de cambio
baabi a yɛ sesa sika
valija
potomanto
auto
kaa

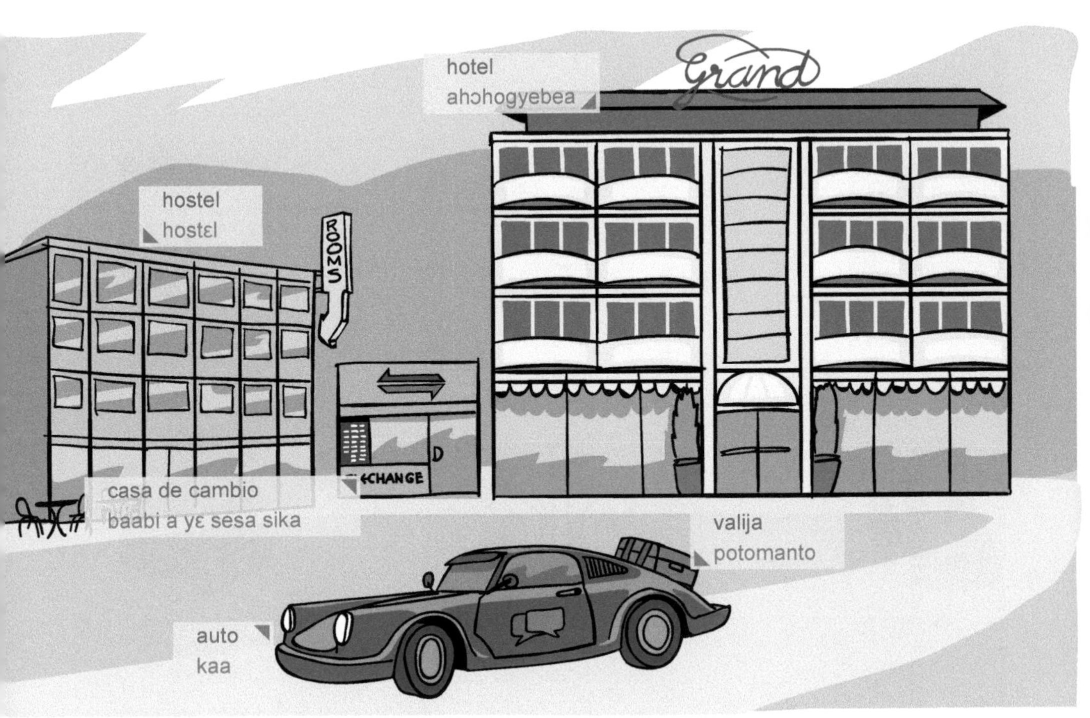

idioma
kasa

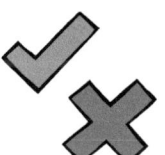

sí / no
aane / dabi

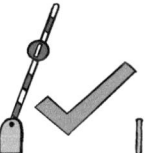

Está bien
Yoo

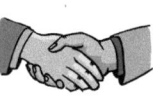

hola
hɛlo

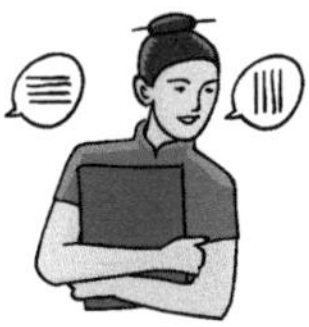

traductor
kasa asekyerɛfoɔ

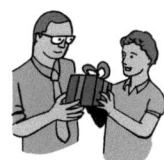

Gracias
Medaase

¿cuánto cuesta…?

...bɔɔ yɛ sɛn?

No entiendo

Me nte aseɛ

problema

ɔhaw

¡Buenas tardes!

Maadwo!

¡Buenos días!

Maakye!

¡Buenas noches!

Dayie!

adiós

baibai o

dirección

akwankyerɛ

equipaje

wo nneɛma

bolso

bɔtɔ

mochila

akyirebɔtɔ

invitado

ɔhɔhoɔ

habitación

danmu

bolsa de dormir

bɔtɔ a yɛda mu

carpa

ntomadan

información turística

nsɛm dema wɔn a wɔkɔ
nsrahwɛ

playa

mpoano

tarjeta de crédito

kaade a yɛde yi sika

desayuno

anɔpa aduane

almuerzo

awua aduane

cena

anwumerɛ aduane

pasaje

tiket

ascensor

pegya

sello

stamp

frontera

ɛhyeɛ so

aduana

kutɔmfoɔ

embajada

embasi

visa

visa

pasaporte

passpɔt

viaje - akwantuo

transporte

akɔneabadie

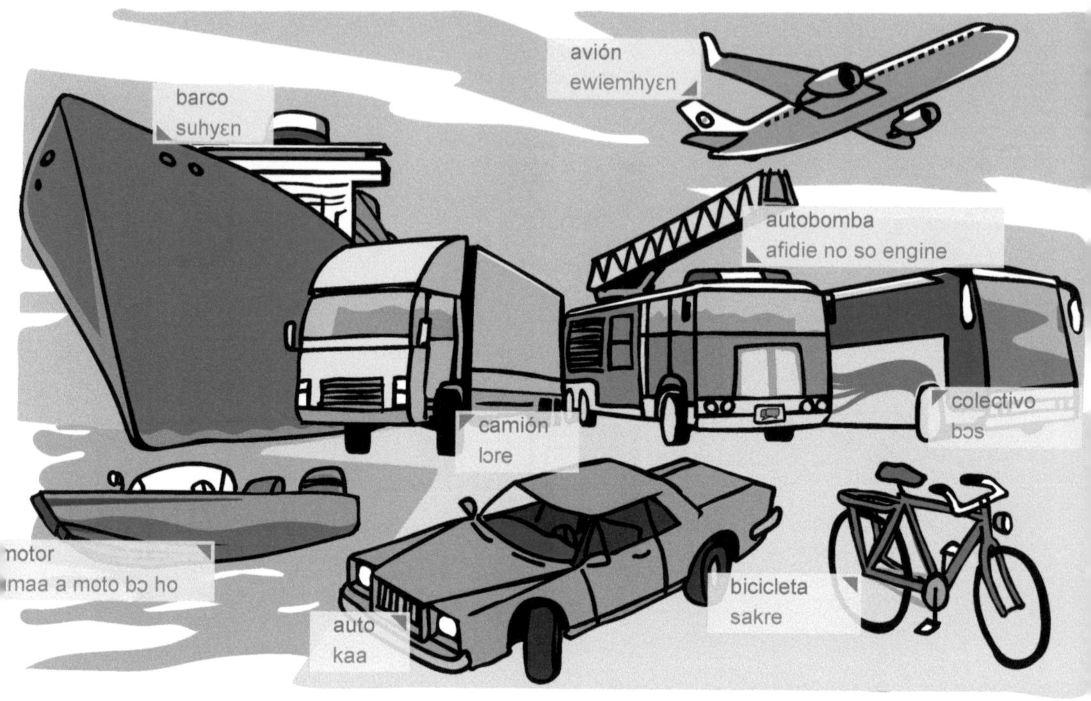
avión
ewiemhyɛn
barco
suhyɛn
autobomba
afidie no so engine
colectivo
bɔs
camión
lɔre
motor
maa a moto bɔ ho
auto
kaa
bicicleta
sakre

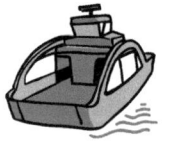

ferry

hyɛma

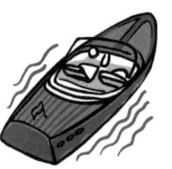

bote

suhyɛn kumaa

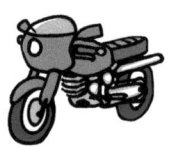

moto

motosakre

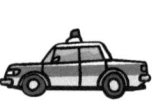

patrullero

polisifoɔ kaa

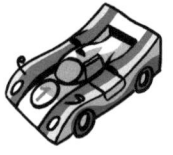

auto de carreras

kaa a ɛkɔ mirika akansie

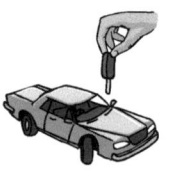

auto de alquiler

kaa a yɛde ma ahan

alquiler de autos

wɔre kyɛ kaa

grúa

lɔre a asɛɛɛ

camión de basura

bɔɔla kaa

motor

moto

nafta

pɛtro

estación de servicio

baabi a yɛbu pɛtro

señal de tránsito

trafik ahyɛnsodeɛ

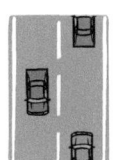

tránsito

trafik

embotellamiento

trafik akye

estacionamiento

baabi a yɛde kaa esi

estación de tren

keteke gyinabea

vías

keteke kwan

tren

keteke

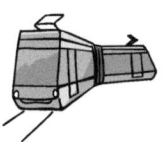

tranvía

tram

vagón

ponkɔ kaa

helicóptero

helikopta

aeropuerto

ewiemhyɛnbea

torre

abansoro

pasajero

apasingyani

contenedor

tontowa

caja de cartón

adaka

carretilla

kaate

canasta

kɛntɛn

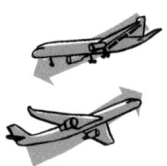

despegar / aterrizar

atu / asi fam

ciudad

kuro kɛseɛ

pueblo

akurase

centro de ciudad

kuro dwaberɛ mu

casa

efie

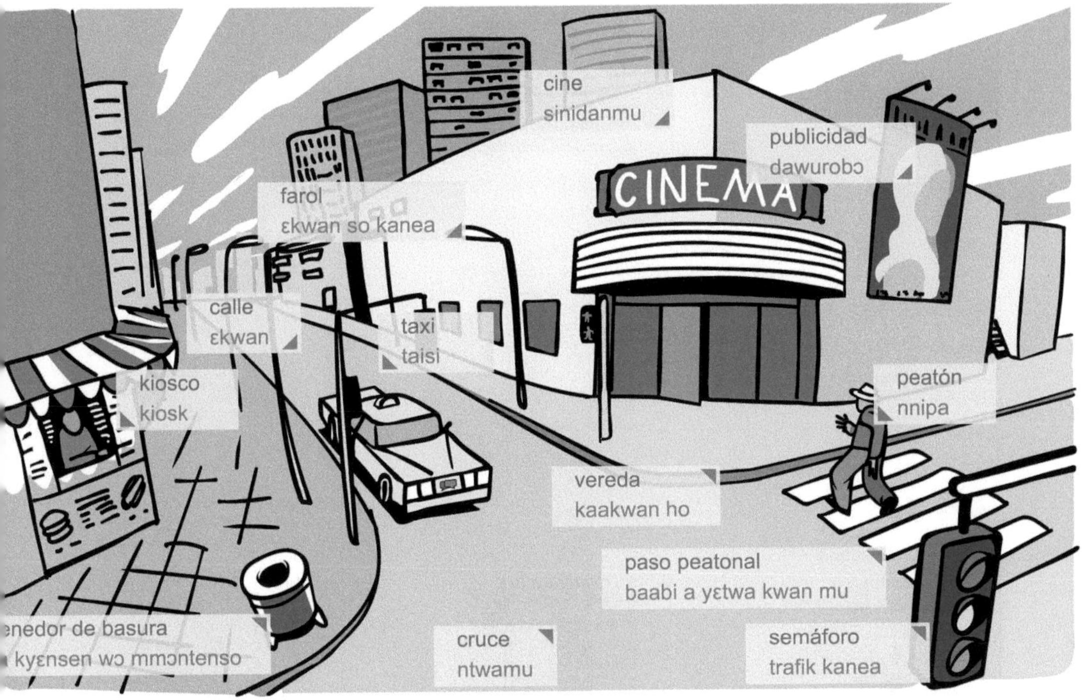

cine
sinidanmu

publicidad
dawurobɔ

farol
ɛkwan so kanea

CINEMA

calle
ɛkwan

taxi
taisi

peatón
nnipa

kiosco
kiosk

vereda
kaakwan ho

paso peatonal
baabi a yɛtwa kwan mu

enedor de basura
kyɛnsen wɔ mmɔntenso

cruce
ntwamu

semáforo
trafik kanea

cabaña

apata

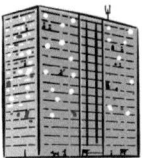

departamento

efie

estación de tren

keteke gyinabea

municipalidad

adwaberɛm

museo

bea a yɛ kora tete nneɛma

colegio

sukuu

universidad
suapɔn

banco
sikakrobea

hospital
ayaresabea

hotel
ahɔhogyebea

farmacia
famasi

oficina
asoeɛ

librería
sotɔɔ a wɔtɔn nwoma

negocio
sotɔɔ

florería
baabi yɛtɔn nhwiren

supermercado
sotɔɔpɔn

mercado
edwam

grandes tiendas
sotɔɔ kɛseɛ

pescadería
baabi a yɛtɔn mpataa

centro comercial
dwadibea kɛseɛ

puerto
suhyɛn gyinabea

parque

baabi kaa gyina

banco

bɛnkye

puente

ɛtwene

escaleras

atwedeɛ

subte

asaase ase

túnel

ɛbɔn

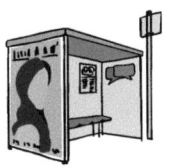

parada del colectivo

baabi a bɔs gyina

bar

nsanombea

restaurante

adidibea

buzón

lɛta adaka

letrero

ɛkwan so akwankyerɛ

parquímetro

baabi kaa gyina ho mita

zoológico

zoo

pileta

nsuo a yɛ dware mu

mezquita

nkramodan

ciudad - kuro kɛseɛ 13

granja
afuo

contaminación
deɛ egu mmɔnten so fi

cementerio
asieɛ

iglesia
asɔre

juegos infantiles
agodibea

templo
asɔre dan

paisaje

mmɔnten so asiesie

hoja
ahaban

poste indicador
sanbɔd

camino
kwan

pradera
asaase a ɛsere wɔ so

piedra
boba

árbol
dua

excursionista
ɔnantefoɔ

río
asubɔnten

hierba
ɛserɛ

flor
nhwiren

14

valle

amenamu

montaña

bepɔ

lago

tadeɛ

bosque

kwaeɛ

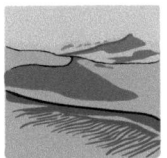

desierto

ɛserɛ so

volcán

egya a efri botan mu

castillo

abankɛseɛ

arco iris

nyankontɔn

champiñón

emere

palmera

abɛtene

mosquito

ntomntom

mosca

tu

hormiga

ntɛtea

abeja

wowa

araña

ananse

escarabajo

amankuo

rana

aponkyerɛni

ardilla

opuro

erizo

apɛsɛ

liebre

adanko

lechuza

patuo

pájaro

anomaa

cisne

nsuo mu dabodabo

jabalí

kɔkɔte

ciervo

adoa

alce

ɔtweenini

presa

dam

aerogenerador

wind turbine afidie

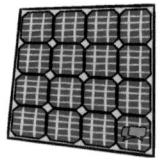

panel solar

afidie a ɛkye awia

clima

wiem nsakraeɛ

restaurante

adidibea

mozo
ɔsom adidieɛ
menú
aduane a ɛwɔ hɔ
silla
akonwa
sopa
nkwan
pizza
pisa
cubiertos
ntere a yɛde didi
mantel
ntoma a ɛse pono so

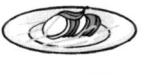

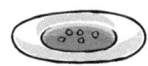

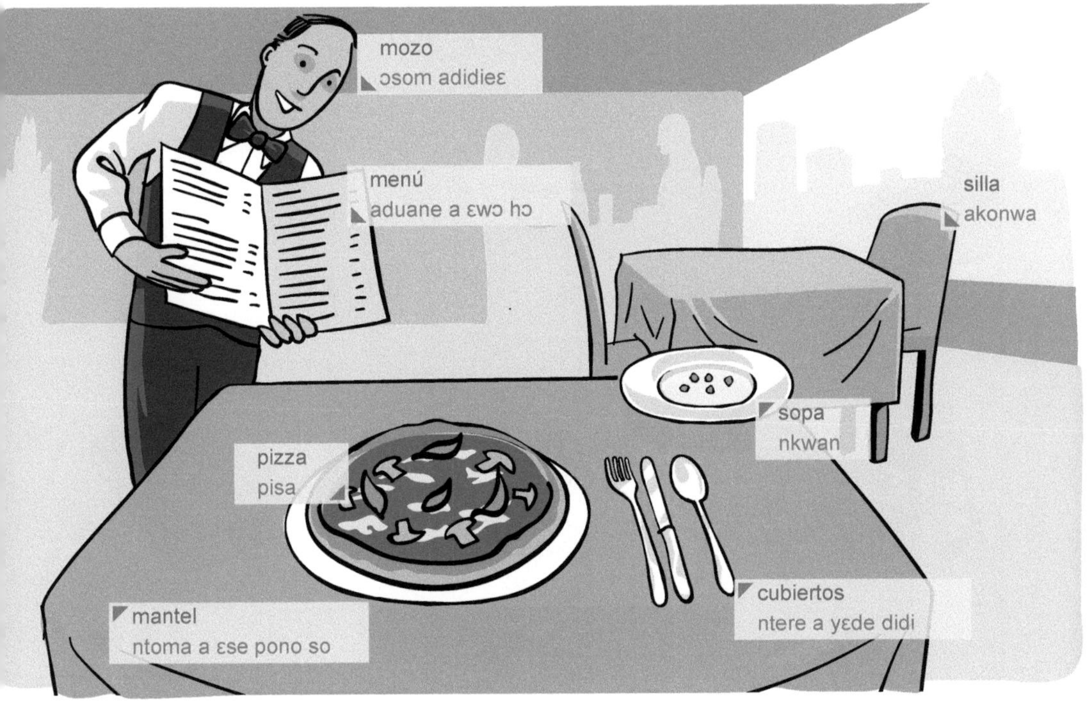

entrada

mprampra anom

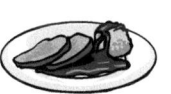

plato principal

aduane no ankasa

postre

mpa anom

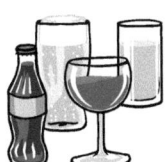

bebidas

nsa

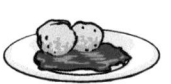

comida

aduane

botella

toa

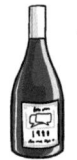

comida rápida

aduane hyewhyew

comida callejera

abɔnten so aduane

tetera

tii kukuo

azucarera

asikyire konko

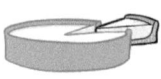

porción

wo kyɛfa

cafetera expreso

espresso afidie

sillita alta

akonwa tenten

cuenta

wo ka

bandeja

apanpan

cuchillo

sekan

tenedor

adinam

cuchara

atere

cucharita

atere ketewa

servilleta

napkin a yɛde pepa ano

vaso

glase

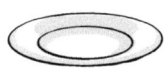

plato

prɛte

plato hondo

kwan kyɛnsee

plato

prɛte ketewa

salsa

abomu

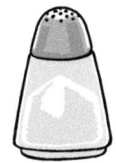

salero

nkyene kukuo

molinillo de pimienta

yɛde yam mako

vinagre

fenega

aceite

anwa

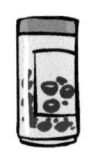

especias

aduhwam

kétchup

kɛkyɔp

mostaza

mustad

mayonesa

mayones

supermercado

sotɔɔpɔn

oferta especial
ntesoɔ soronko
FOR
cliente
adetɔfoɔ
lácteos
nanatwie nufusuo
fruta
aduaba
changuito
hwiili

BUTCHERS

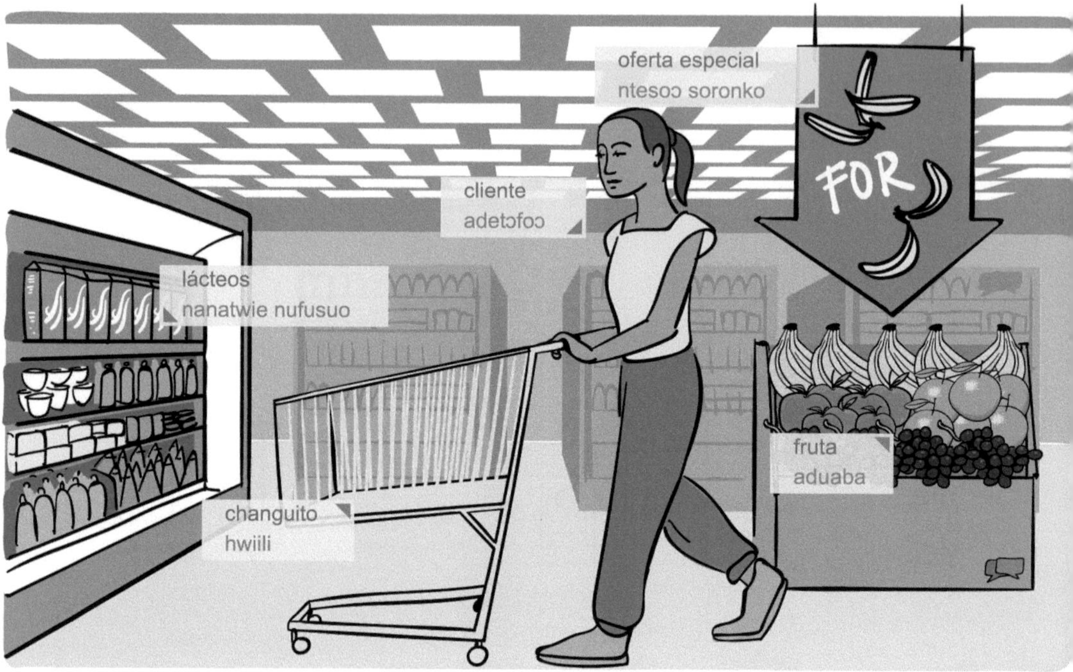

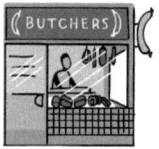

carnicería

baabi a yɛtɔn nam

BAKERY

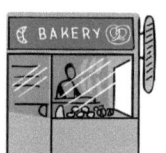

panadería

baabi a yɛtɔn paano

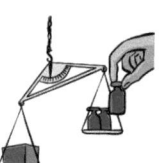

pesar

susu

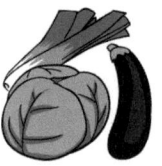

verduras

atosodeɛ

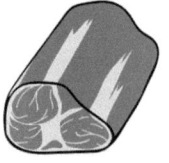

carne

nam

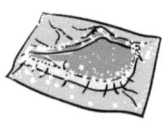

alimentos congelados

frigyemu aduane

fiambres

nam a adwɔɔ

alimentos enlatados

kyɛnsee mu aduane

detergente en polvo

paoda samena

golosinas

adedɔkɔdɔkɔ

electrodomésticos

efie nneɛma

productos de limpieza

adetɔneɛ a yɛde pepa fin

vendedora

nnipa a ɔtɔn adeɛ

caja

afidie a egye sika

cajero

ɔgyegye sika

lista de compras

krataa a wodi rekɔ di dwa

horario de atención

berɛ a wode bua

billetera

sikabotɔ

tarjeta de crédito

kaade a yɛde yi sika

cartera

baage

bolsa de plástico

rɔba baage

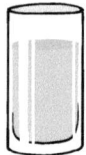

agua

nsuo

jugo

aduaba mu nsuo

leche

nufusuo

bebida cola

kok

vino

wain nsa

cerveza

biya

alcohol

mmorosa

cacao

kokoo

té

tii

café

kofe

café expreso

espresso

cappuccino

kapukyino

banana
kwadu

manzana
apol

naranja
ankaa

melón
melon

limón
akutɔɔ

zanahoria
karɔt

ajo
garlik

bambú
pampro

cebolla
gyeene

champiñón
mmere

nueces
nkateɛ

fideos
talia

tallarines

spageti

arroz

εmo

ensalada

salad

papas fritas

kyipis

papas fritas

abrɔdwomaa a y'akye

pizza

pisa

hamburguesa

hambɔga

sándwich

sanwekye

churrasco

nam a dompe nnim

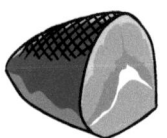

jamón

preko nam

salame

nam a y'ahata

salchicha

sɔsege

pollo

akokɔ

asado

toto

pescado

apataa

copos de avena

oosu koko

muesli

muesli

copos de maíz

konflese

harina

esam

medialuna

krossant

pancito

paano a y'abobɔ

pan

paano

tostada

paano a y'atoto

galletitas

biskete

manteca

bɔta

cuajada

nufusuo a ada

torta

keeke

huevo

kosua

huevo frito

kosua a y'akyeɛ

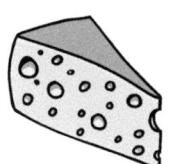

queso

kyiis

helado

asskrim

azúcar

asikyire

miel

ɛwoɔ

mermelada

gyaam

pasta de chocolate

kyokolete

curry

kɔri

granja
afuo

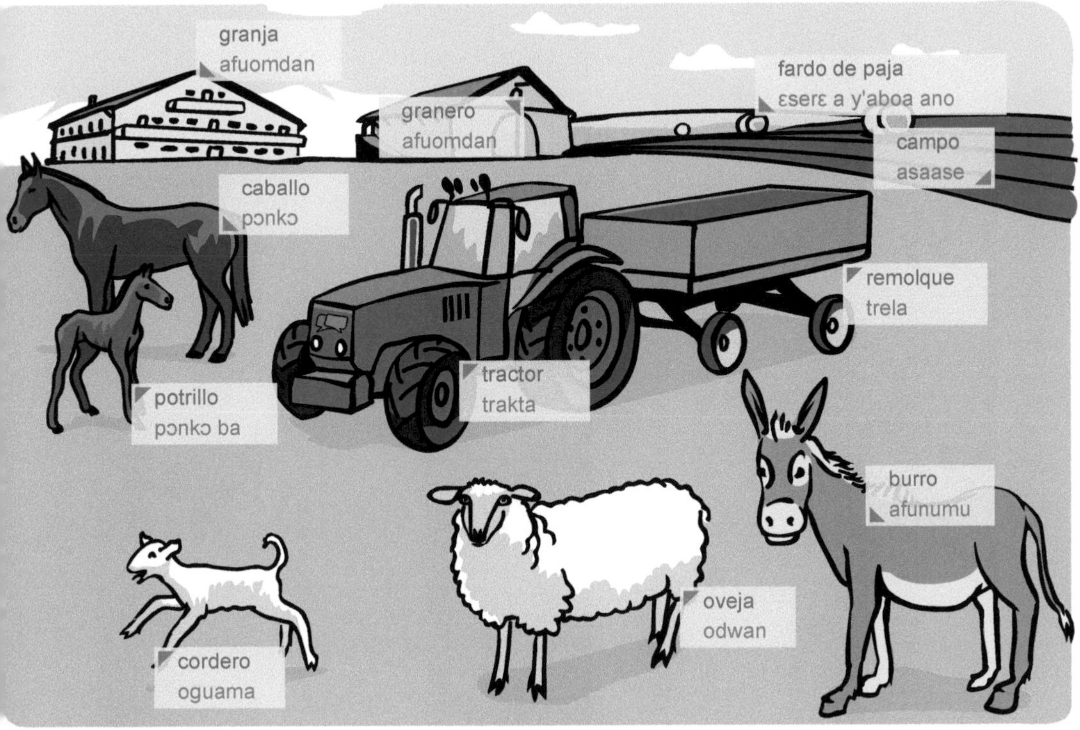
granja
afuomdan
granero
afuomdan
fardo de paja
ɛserɛ a y'aboa ano
campo
asaase
caballo
pɔnkɔ
remolque
trela
tractor
trakta
potrillo
pɔnkɔ ba
burro
afunumu
oveja
odwan
cordero
oguama

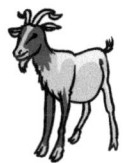

cabra
apɔnkye

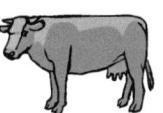

vaca
nantwie

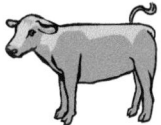

ternero
nantwie ba

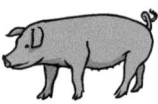

cerdo
prɛko

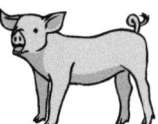

lechón
prɛko ba

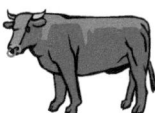

toro
nantwinini

ganso

dabodabo nua

pato

dabodabo

pollo

akokɔba

gallina

akokɔbedeɛ

gallo

akokɔnini

rata

kusie

gato

ɔkra

ratón

akura

buey

nantwinini

perro

kraman

cucha

kraman buo

manguera

afuom drobɛn

regadera

tontora a yɛde gu nsuo

guadaña

sekan a yɛde twa aburo

arado

funtum dadeɛ

hoz

kɔntɔnkrɔ

azada

asɔ

horquilla

afuom adinam

hacha

akuma

carretilla

hweebaro

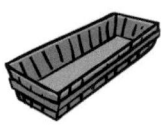

abrevadero

adidika

lechera

nufusuo konko

bolsa

bɔtɔ

reja

ɛban

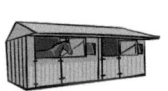

establo

pɔnkɔ dan

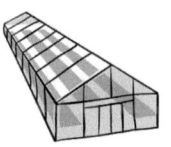

invernadero

ntomadan a yɛyɛ mu afuo

suelo

anwea

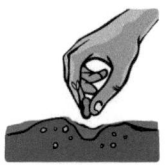

semilla

aba

fertilizador

ɔyɛ asaaseyie

cosechadora

otwaberɛ trakta

cosechar

twa

cosecha

otwaberɛ

batatas

bayerɛ

trigo

ayuo

soja

soya

papa

abrɔdwomaa

maíz

aburo

semilla de colza

repu aba

árbol frutal

dua a ɛso aba

mandioca

bankye

cereales

aburo asefoɔ

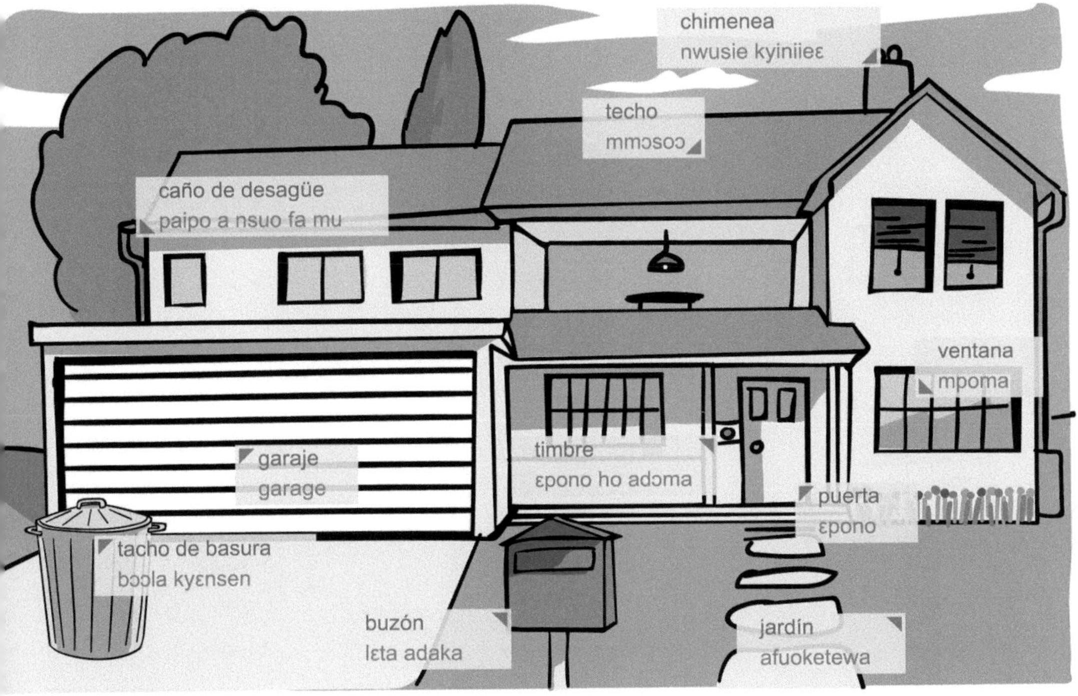

chimenea
nwusie kyiniieɛ

techo
mmɔsoɔ

caño de desagüe
paipo a nsuo fa mu

ventana
mpoma

garaje
garage

timbre
ɛpono ho adɔma

puerta
ɛpono

tacho de basura
bɔɔla kyɛnsen

buzón
lɛta adaka

jardín
afuoketewa

living

asaso

baño

adwareɛ

cocina

mukaase

dormitorio

pie mu

cuarto de los chicos

nkwadaa dan mu

comedor

dan a yɛdidi mu

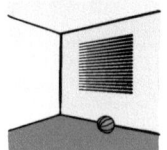

piso

εfam

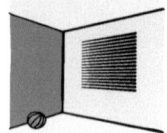

pared

εban

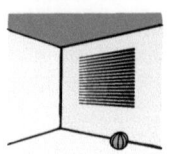

cielorraso

abruuso

sótano

danbloo

sauna

adwereε a εbɔ ɔhyew

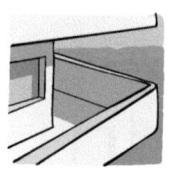

balcón

abranaa

terraza

abranaaso

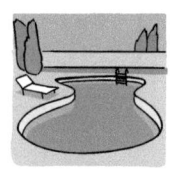

pileta

nsuo a yεdware mu

cortadora de pasto

afidie a yεde dɔ

sábana

nsεfam

acolchado

ntoma a εse kεtε so

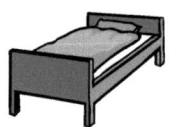

cama

mpa

escoba

prayε

balde

bokiti

interruptor

dane

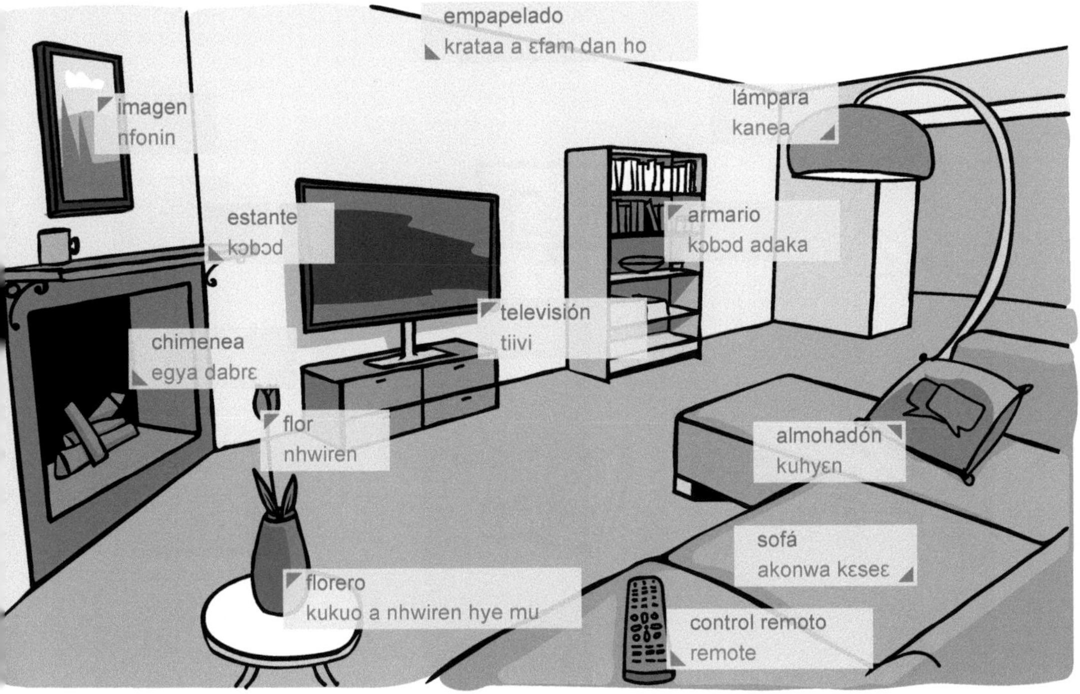

empapelado
krataa a ɛfam dan ho

imagen
nfonin

lámpara
kanea

estante
kɔbɔd

armario
kɔbɔd adaka

televisión
tiivi

chimenea
egya dabrɛ

flor
nhwiren

almohadón
kuhyɛn

sofá
akonwa kɛseɛ

florero
kukuo a nhwiren hye mu

control remoto
remote

alfombra
kapɛte

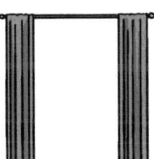

cortlna
ntwaa dan mu

mɔɑ
ɛpono

silla
akonwa

mecedora
akonwa a ehinhim

sillón
akonwa a yɛgyegye dan

libro

nwoma

frazada

kuntu

decoración

dan mu nsiesie

leña

egya

película

sini

equipo de música

wailɛs

llave

safoa

diario

koowaa krataa

pintura

nfonin a y'adwi

póster

nfam danho

radio

radio

cuaderno

krataa a yɛ twere mu

aspiradora

afidie a ɛprapra

cactus

kaktus

vela

kyɛnere

cocina
mukaase

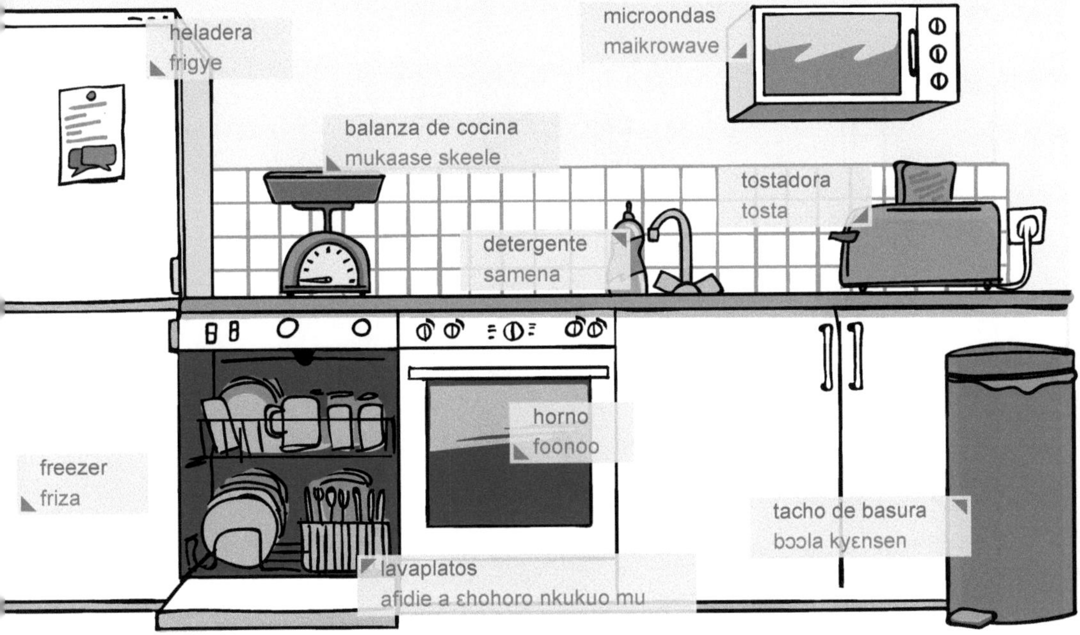
heladera
frigye
microondas
maikrowave
balanza de cocina
mukaase skeele
tostadora
tosta
detergente
samena
horno
foonoo
freezer
friza
tacho de basura
bɔɔla kyɛnsen
lavaplatos
afidie a ɛhohoro nkukuo mu

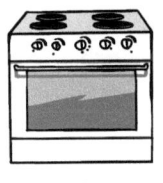

cocina

abɛɛfo bukyea

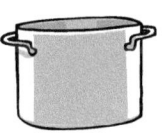

olla

kokuo

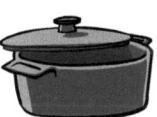

olla de hierro fundido

dadesɛn

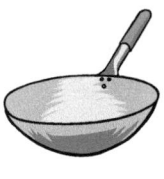

wok

wok / kadai

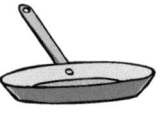

sartén

kyɛnsee

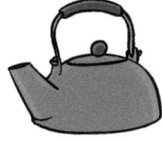

pava

nsuo hyeɛ afidie

vaporera

stiima

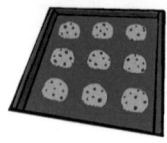

bandeja de horno

apa a yɛ to so adeɛ

vajilla

prɛte, kuruwa, ntere ne nea
ɛkeka ho

taza

kuruwa a etumi bɔ

bol

kyɛnsee

palitos

nnua a yɛde didi

cucharón

kwantre

estpátula

dua atere

batidora

yɛde nu adeɛ mu

colador

sɔneɛ

colador

fefe

rallador

greta

mortero

waduro

parrilla

kyinkyinga

fogata

bukyea

tabla de picar

ɛpono a yɛ twitwaso adeɛ

palo de amasar

ɛta

sacacorchos

deɛ yɛtu nsa so

lata

konko

abrelatas

deɛ yɛde bue konko so

manopla

yɛde sɔ kukuo mu

pileta

sink

cepillo

brɔhye

esponja

sapɔ

batidora

aduane yam fidie

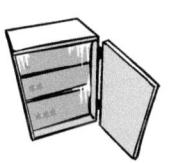

congelador

friza nini

mamadera

toa a abɔdoma nom ano

canilla

paipo

baño
adwareɛ

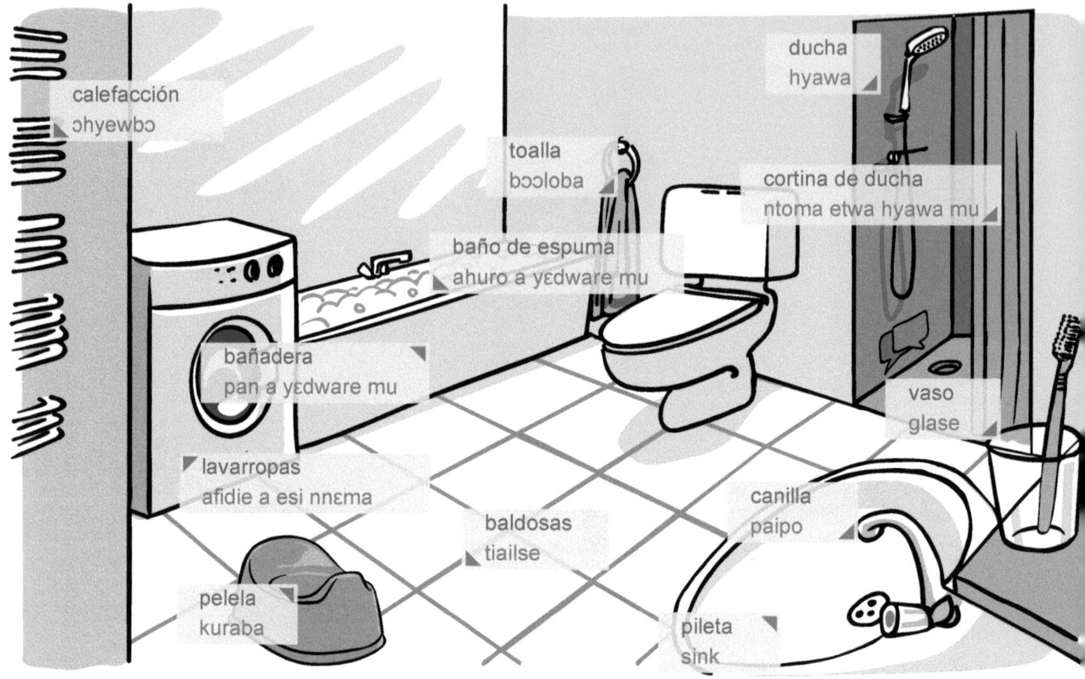
calefacción
ɔhyewbɔ
toalla
bɔɔloba
ducha
hyawa
cortina de ducha
ntoma etwa hyawa mu
baño de espuma
ahuro a yɛdware mu
bañadera
pan a yɛdware mu
vaso
glase
lavarropas
afidie a esi nnɛma
canilla
paipo
baldosas
tiailse
pelela
kuraba
pileta
sink

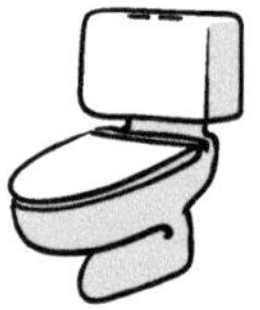

inodoro
teɛfi

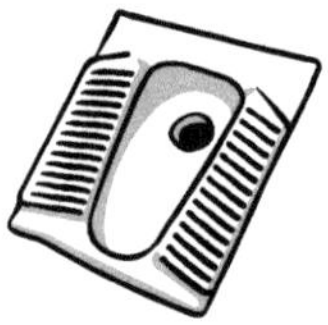

letrina
teɛfi a yɛ koto so

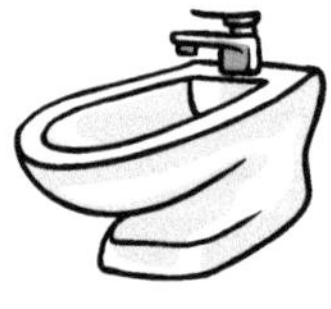

bidé
bidet teɛfi

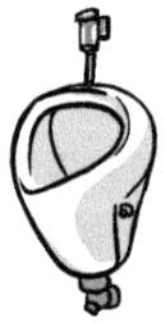

mingitorio
dwonsɔ dan

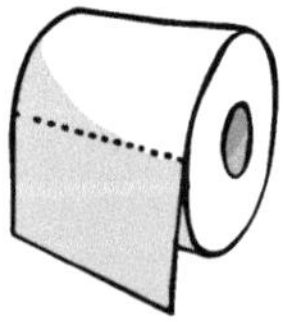

papel higiénico
teɛfi so krataa

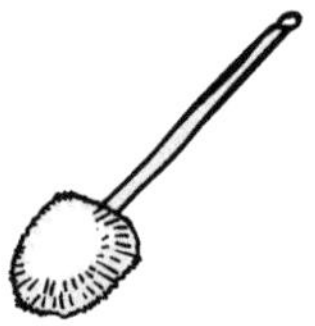

cepillo para el inodoro
teɛfi so brɔhye

cepillo de dientes

brohye a yɛde twitwiri see

dentífrico

aduro a yɛde twitwiri see

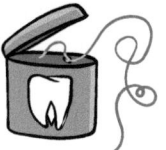

hilo dental

yɛde yiyi ɛsee mu

lavar

si

ducha de mano

hyawa a yɛsɔ mu

ducha higiénica

paipo a yɛde hohoro
ananmu

palangana

bokiti

cepillo para espalda

brohye a wode dware w'akyi

jabón

samena

gel de ducha

hyawa samena

shampoo

nsuo samena

toallita

flanɛl ntoma

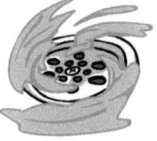

desagüe

baabi a nsu fa pue

crema

nku

desodorante

yɛde fefa amotoamu

espejo

ahwehwɛ

espejito

ahwehwɛ a yɛsɔ mu

maquinita de afeitar

bled

espuma de afeitar

ahuro a yɛde yi nwi

aftershave

aduro a yɛde fefa baabi a
wo ayi nwi

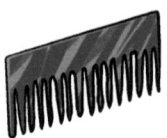

peine

afen

cepillo

brɔhye

secador de pelo

afidie a ɛwo nwi

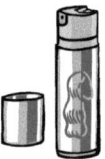

spray

enwi sopre

maquillaje

pɔns

lápiz de labios

lipstike

esmalte para uñas

penti a yɛde mɔreɛ so

algodón

asaawa

tijera para uñas

apasoɔ a etwa mmɔreɛ

perfume

aduhwam

portacosméticos

adwareɛ baage

banqueta

edwa

balanza

skele

bata

adwereɛ ataadeɛ

guantes de goma

rɔba a yɛde hyɛ nsa ho

tampón

tampon

toallita femenina

abɛɛfo amonsen

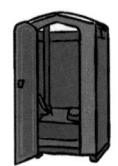

baño químico

teɛfi a aduro gum

cuarto de los chicos

nkwadaa dan mu

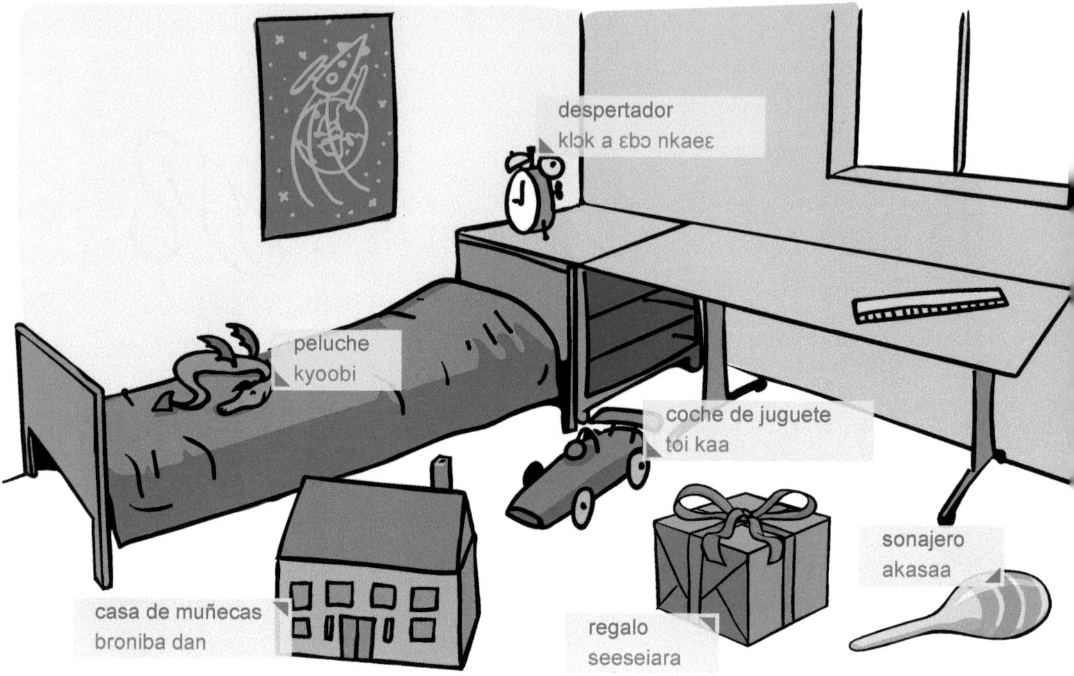

despertador
klɔk a ɛbɔ nkaeɛ
peluche
kyoobi
coche de juguete
toi kaa
sonajero
akasaa
casa de muñecas
broniba dan
regalo
seeseiara

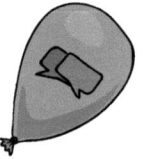

globo

baaluu

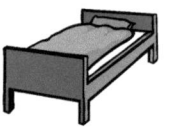

cama

mpa

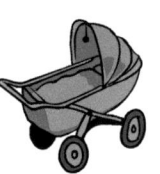

cochecito

nkwadaa kaa

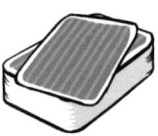

cartas

sopaa

rompecabezas

gyiksɔɔ

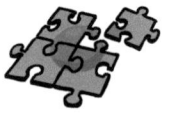

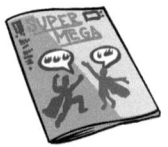

historieta

nsɛnkwa

piezas de lego

lego blɔg

ladrillos de juguete

blɔg a yɛde si dan

figura de acción

nnipa ɔbɔhye

enterito (de bebé)

abɔdoma ataadeɛ

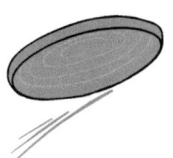

frisbee

frisbee

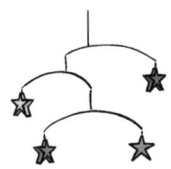

móvil para bebés

mobail

juego de mesa

ponoso agodie

dados

daahye

tren eléctrico

nkwadaa keteke

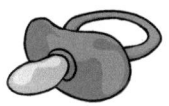

chupete

koliko

fiesta

apontoɔ

libro de cuentos ilustrado

nfonin nwoma

pelota

bɔɔlo

muñeca

broniba

jugar

di agorɔ

arenero

anwea adaka

hamaca

adonko

juguetes

tois

consola de videojuegos

video agodie apaawa

triciclo

sakre a ne nan mɛnsa

osito de peluche

kyoobi

armario

wɔdropo

ropa

ntaadeɛ

medias

sɔks

medias panty

stokens

calzas

sekentait

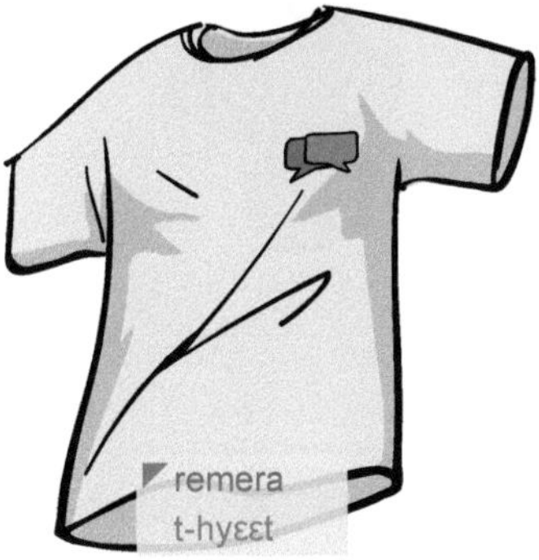

bufanda
duku

cinturón
bɛlɛte

paraguas
kyinieɛ

remera
t-hyɛɛt

zapatillas
kamboo

botas
mpaboa

pantuflas
kyalewate

sandalias
asopatre

zapatos
mpoboa

botas de goma
rɔba mpaboa

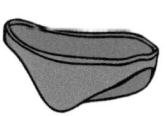

ropa interior
ɛtam

corpiño
bra

chaleco
singlɛte

body

nipadua

pantalones

trɔsa

jeans

gyins

pollera

sekɛɛt

blusa

ɛsoro ataadeɛ

camisa

hyɛɛte

pulóver

nkatoho a ɛko awɔ

buzo

hoodie

blazer

koot

campera

nkatasoɔ

tapado

nkatasoɔ

piloto

nsutɔ mu nkataho

traje

dwumadie bi ho ataadeɛ

vestido

mmaa atadeɛ

vestido de novia

ayefrɔ ataadeɛ

traje

kootu

camisón

mmaa ataadeɛ a yɛde da

pijama

pigyamas ataadeɛ

sari

sari

pañuelo para cabeza

duku

turbante

abotire

burka

burka

caftán

kaftan

abaya

nkramofoɔ mmaa atadeɛ

traje de baño

ataadeɛ a yɛde dware nsuo

short de baño

asenemu ataadeɛ

shorts

nika

jogging

agokansie ntaadeɛ

delantal

akatasoɔ

guantes

nsa nkataho

botón

bɔtom

anteojos

sopɛɛse

pulsera

ahwneɛ

collar

komadeɛ

anillo

kawa

aro

asomadeɛ

gorra

ɛkyɛ

percha

yɛde koot sɛn so

sombrero

ɛkyɛ

corbata

abɔmene mu

cierre

zip

casco

ɛkyɛ denden

tiradores

bresis

uniforme escolar

sukuu ataadeɛ

uniforme

adwuma ataadeɛ

babero

mmɔfra bib

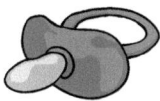

chupete

koliko

pañal

nkwadaa napken

oficina

asoeɛ

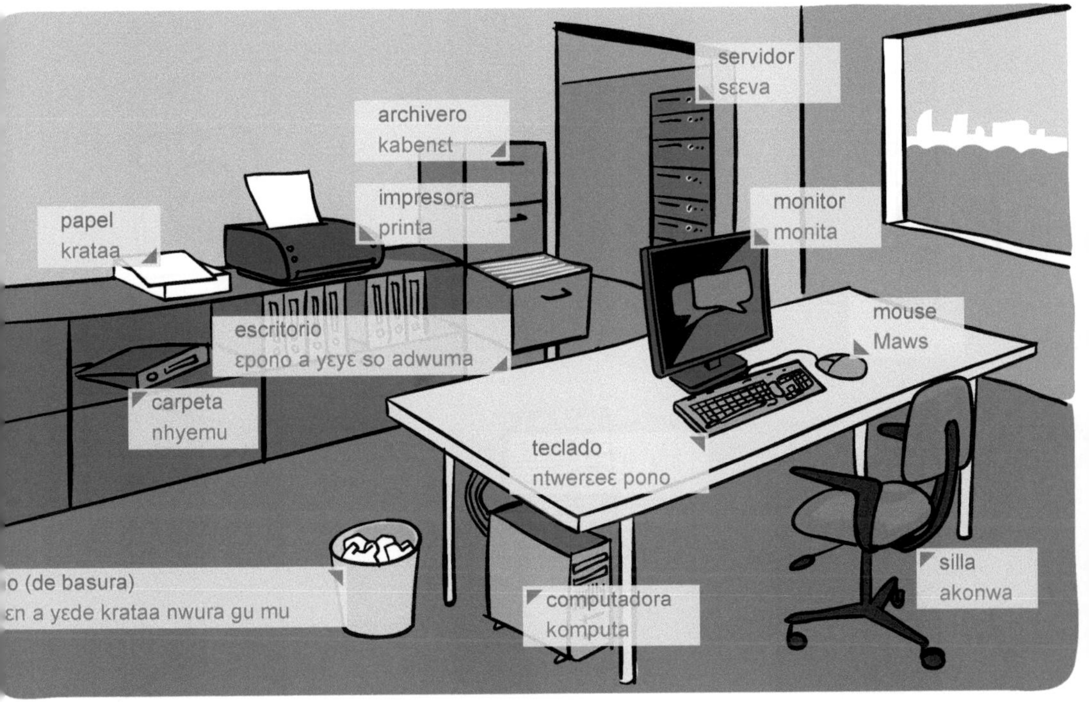

servidor
sɛɛva

archivero
kabenɛt

impresora
printa

papel
krataa

monitor
monita

mouse
Maws

escritorio
ɛpono a yɛyɛ so adwuma

carpeta
nhyemu

teclado
ntwerɛeɛ pono

o (de basura)
ɛn a yɛde krataa nwura gu mu

silla
akonwa

computadora
komputa

taza de café

kɔfe kuruwa

calculadora

akontabuo fidie

internet

intanɛt

laptop

laptop

carta

lɛta

mensaje

nkratɔɔ

celular

mobail kasafidie

red

nɛtwɛke

fotocopiadora

fotokɔpi

software

softwɛɛ

teléfono

tetefon

tomacorriente

sɔkɛt

fax

faks afidie

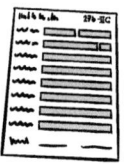

formulario

katraa

documento

nkrataa

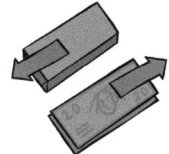

comprar

tɔ

pagar

tua

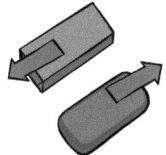

hacer negocios

di dwa

dinero

sika

dólar

dollar

euro

euro

yen

yen

rublo

rubel

franco suizo

Swiss franks

yuan

renminbi yuan

rupia

rupii

cajero automático

baabi yɛtua sika

casa de cambio

baabi a yɛ sesa sika

oro

sika kɔkɔɔ

plata

dwetɛ

petróleo

now

energía

ahɔɔden

precio

ne boɔ

contrato

kontragye

impuesto

ɛtoɔ

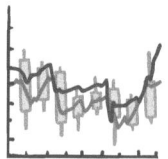

acción

stɔk

trabajar

adwuma

empleado

adwumayɛni

empleador

adwumawura

fábrica

mfididwuma mu

negocio

sotɔɔ

ocupaciones
nwuma ahodoɔ

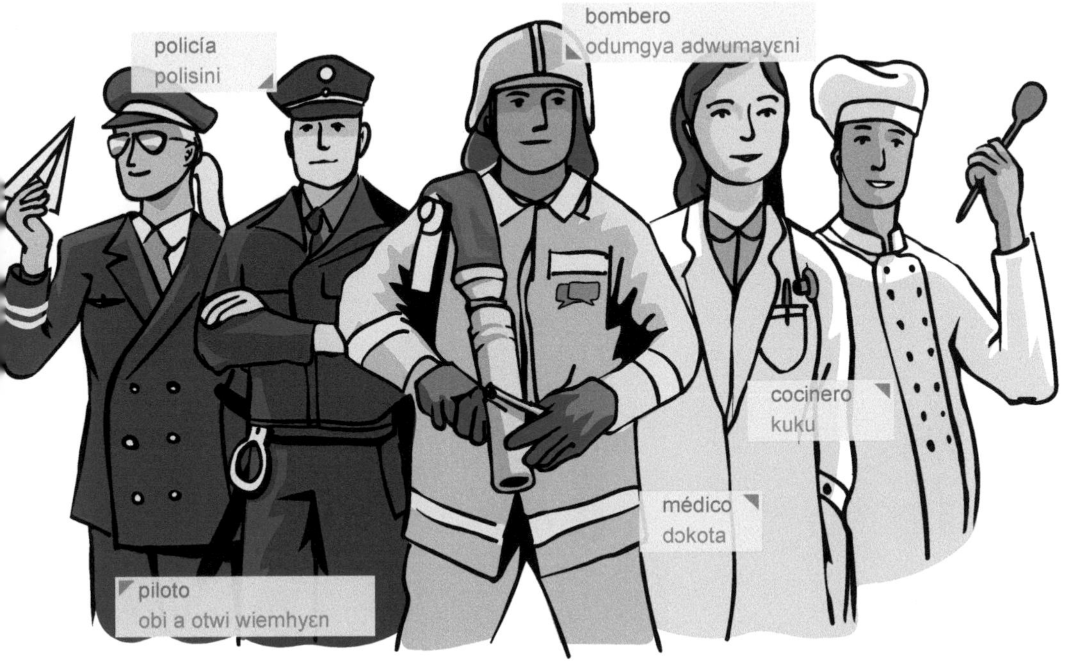

policía
polisini
bombero
odumgya adwumayɛni
cocinero
kuku
médico
dɔkota
piloto
obi a otwi wiemhyɛn

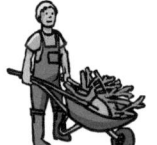

jardinero

ɔyɛ afuo

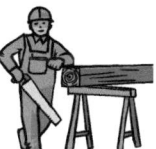

carpintero

dua dwomfoɔ

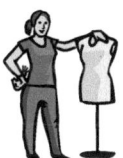

modista

adepani baa

juez

atɛnmuafoɔ

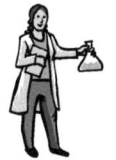

farmacéutico

ɔtɔn nnuro

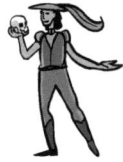

actor

sini yɛfoɔ

colectivero

bɔs drɔba

taxista

taisi drɔba

pescador

ɔpofoɔ

mucama

ɔbaa a osiesie fie

techista

ɔbɔdanso

mozo

ɔsom adidieɛ

cazador

bɔmɔfoɔ

pintor

penta

panadero

ɔto paano

electricista

ɔyɛ nkaneɛ ho adwuma

albañil

ɔdansifoɔ

ingeniero

inginia

carnicero

ɔdwa nam

plomero

plɔmba

cartero

krataa manefoɔ

soldado

sogyani

arquitecto

ɔdwi adan

cajero

ɔgyegye sika

florista

ɔtɔn nhwiren

peluquero

ɔyɛ tire

cobrador

meeti

mecánico

fitani

capitán

nnipa a otwi suhyɛn

dentista

ɛsee dɔkota

científico

abɔdeɛ mu nimdefoɔ

rabino

rabi

imán

kramo panin

monje

ɔsɔfo

sacerdote

osɔfo

herramientas
anwenade

martillo
hama
tenaza
playa
destornillador
skrudrɔba
linterna
abɛɛfo tɛnee
llave
sopana

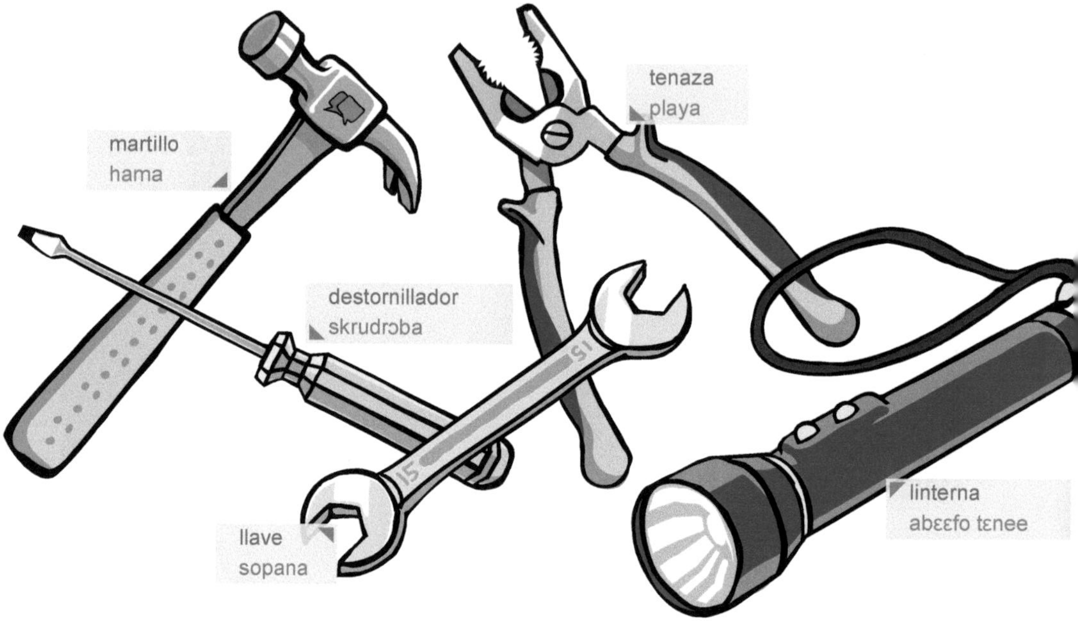

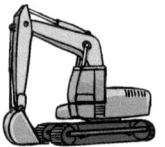

excavadora

otu amena

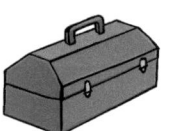

caja de herramientas

anwenade adaka

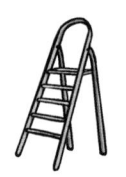

escalera portátil

atwedeɛ

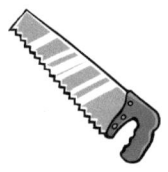

sierra

asradaa

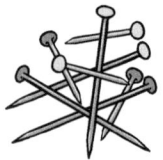

clavos

nnadewa

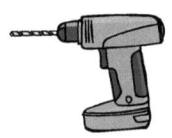

taladro

afidie a yɛde bɔne tokro

arreglar

siesie

pala de jardín

sofi

¡Qué bronca!

Ebei!

pala de plástico

asanwura

tacho de pintura

penti kukuo

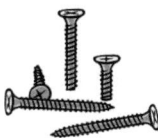

tornillos

skruu

instrumentos musicales

nneɛma a yɛde bɔ nwom

parlante
msopika a anoyɛden

batería
nneama a yɛde bɔ ntwene

guitarra
dwitae

contrabajo
bass dwitae kɛseɛ

trompeta
abɛn

piano

sankuo

violín

ahoma sankuo

bajo

bass dwitae

timbales

atumpan

tambor

ntwene

teclado

ntwerɛeɛ apa

saxofón

saksofon

flauta

atentenbɛn

micrófono

maikrofon

instrumentos musicales - nneɛma a yɛde bɔ nwom

entrada
εpono anɔ

tigre
sεbɔ

jaula
mmoa dan

cebra
zebra

alimento para animales
mmoa aduane

oso panda
panda

animales
mmoa

elefante
ɔsono

canguro
kangaru

rinoceronte
raino

gorila
akatea

oso
sisire

camello

afunupɔnkɔ

avestruz

sohori

león

gyata

mono

adwee

flamenco

flamingo

loro

ako

oso polar

awɔ mu sisire

pingüino

penguin

tiburón

oboodede

pavo real

akɔkonini abankwa

serpiente

ɔwɔ

cocodrilo

dɛnkyɛm

cuidador del zoológico

nnipa ɛhwɛ zoo so

foca

nsuo mu gyata

jaguar

sebɔ

zoológico - zoo

poni

pɔnkɔ ba

leopardo

etwie

hipopótamo

susuono

jirafa

kɔntenten

águila

ɔkɔdeɛ

jabalí

kɔkɔte

pescado

apataa

tortuga

sudandan

morsa

walrus

zorro

sakraman

gacela

ɔtwee

fútbol americano
Amerikafoɔ futbɔɔlo

ciclismo
skre twie

tenis
tennis

básquet
basketbɔɔlo

natación
nsuom adwareɛ

boxeo
akutruku

hockey sobre hielo
asukɔkyea so hɔki

fútbol
futbɔl

bádminton
badmintin

atletismo
mirikatuo

handball
bɔɔlo a yɛde nsa bɔ

esquí
skii

polo
polo

reír
sere

saltar
huri

abrazar
bam

caminar
nante

cantar
to dwom

soñar
so daeɛ

rezar
bɔ mpaeɛ

besar
fe ano

escribir	dibujar	mostrar
twerɛ	dwi	kyerɛ
presionar	dar	tomar
pia	ma	fa

tener

nya

hacer

yɛ

ser

yɛ

estar parado

gyina

correr

tu mirika

tirar

twe

tirar

to

caer

tɔ fam

estar acostado

da hɔ

esperar

twɛn

llevar

soa

estar sentado

tenase

vestirse

hyɛ ataadeɛ

dormir

da

despertar

nyane

mirar

hwɛ

llorar

su

acariciar

san ho

peinar

nunum

hablar

kasa

entender

te aseɛ

preguntar

bisa

escuchar

tie

beber

nom

comer

didi

ordenar

yɛ nsiesie

amar

ɔdɔ

cocinar

nɔa

manejar

twi

volar

tu

navegar

fa nsuo so

calcular

sese

leer

kenkan

aprender

sua

trabajar

adwuma

casarse

ware

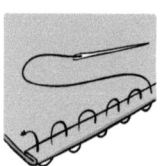

coser

pam

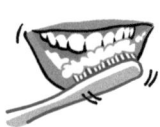

cepillarse los dientes

twitwiri wo se

matar

kum

fumar

nom gyɔt

enviar

mane

familia
abusua

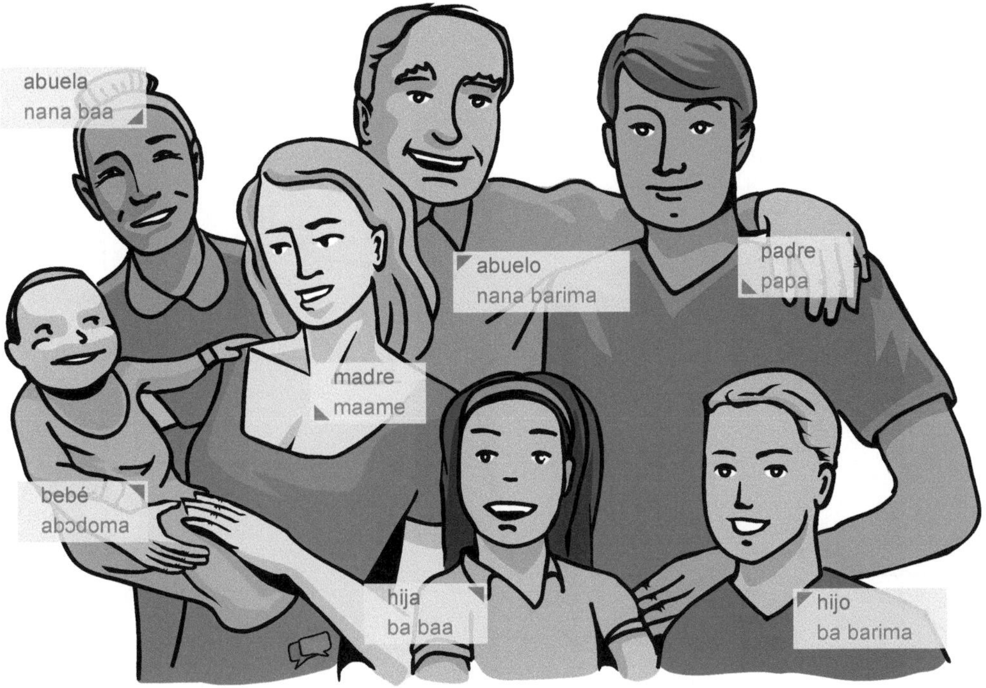
abuela
nana baa
abuelo
nana barima
padre
papa
madre
maame
bebé
abɔdoma
hija
ba baa
hijo
ba barima

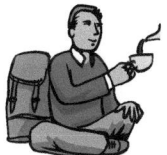

invitado
ɔhɔhoɔ

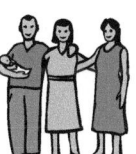

tía
sewaa

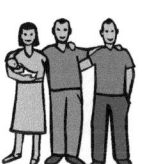

tío
wɔfa

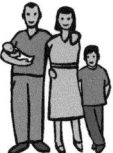

hermano
nua barima

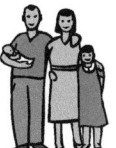

hermana
nua baa

cuerpo
nipadua

frente
moma
ojo
ani
hombro
abɛtire
dedo
nsatea
cara
anim
pera
apantan
mano
nsa
pecho
nufoɔ
pierna
ɛnan
brazo
nsa

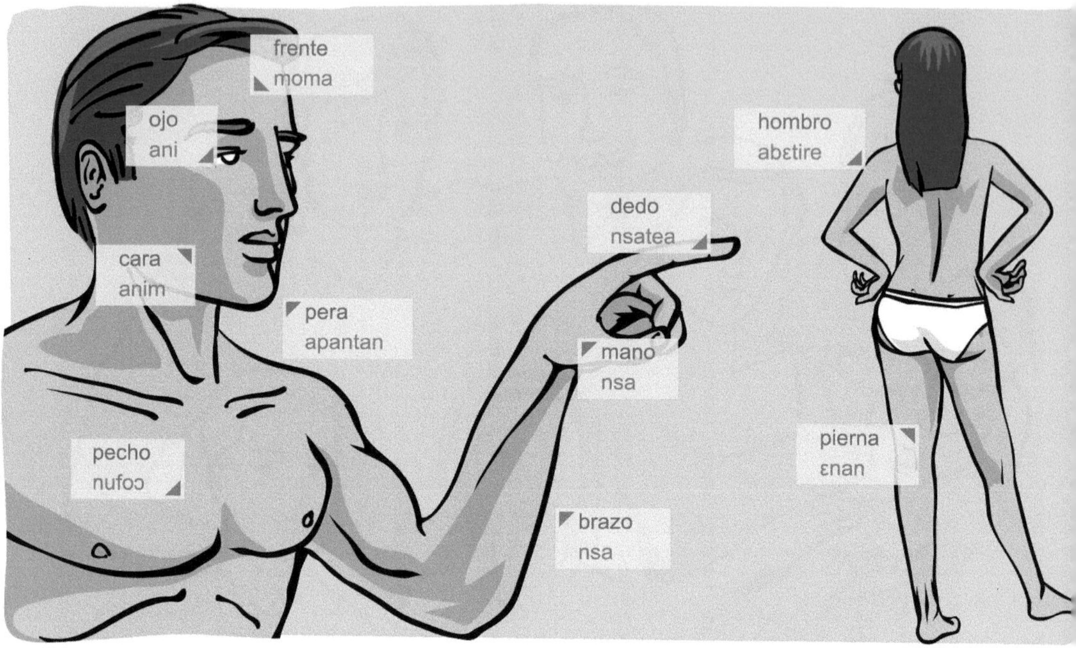

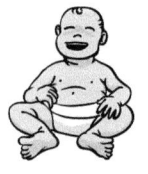

bebé

abɔdoma

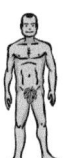

hombre

barima

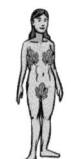

mujer

ɔbaa

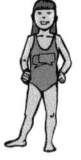

nena

abayewa

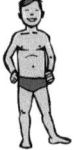

nene

abarimawa

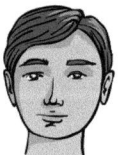

cabeza

etire

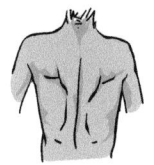

espalda

akyi

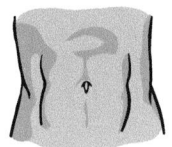

panza

afro

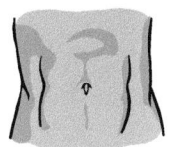

ombligo

fruma

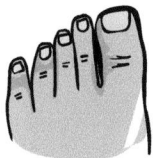

dedo del pie

nansoa

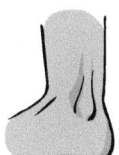

talón

nantini

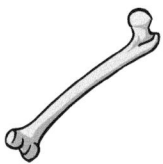

hueso

dompe

cadera

ataasɔ

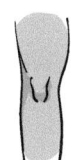

rodilla

kotodwe

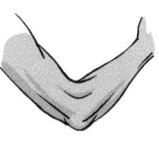

codo

abatwɛ

nariz

ɛhwene

cola

ɛtoɔ

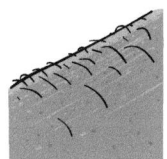

piel

wedeɛ

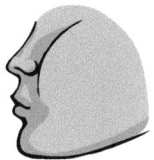

cachete

afono

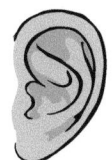

oreja

aso

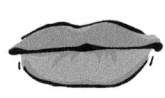

labio

ano

boca

anom

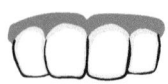

diente

ɛsee

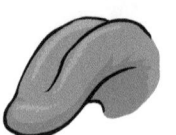

lengua

tɛkyerɛma

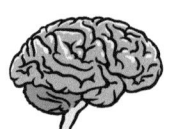

cerebro

adwene

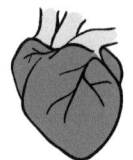

corazón

akoma

músculo

ntini

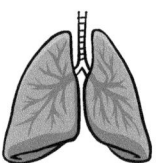

pulmón

aharawa

hígado

brɛbɔɔ

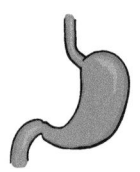

estómago

yafunu

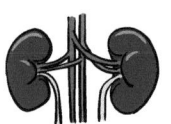

riñones

asaa

sexo

nna

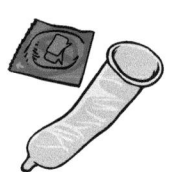

preservativo

kɔndɔm

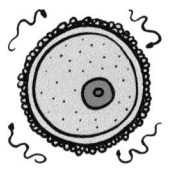

óvulo

ɔbaa nkosua

semen

barima ho nsuo

embarazo

nyinsɛn

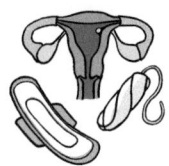

menstruación

nsabuo

vagina

ɛtwɛ

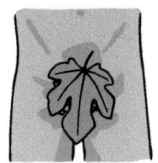

pene

kɔteɛ

ceja

anintɔn

pelo

enwin

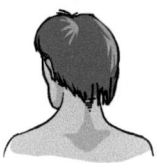

cuello

ɛkɔn

hospital
ayaresabea

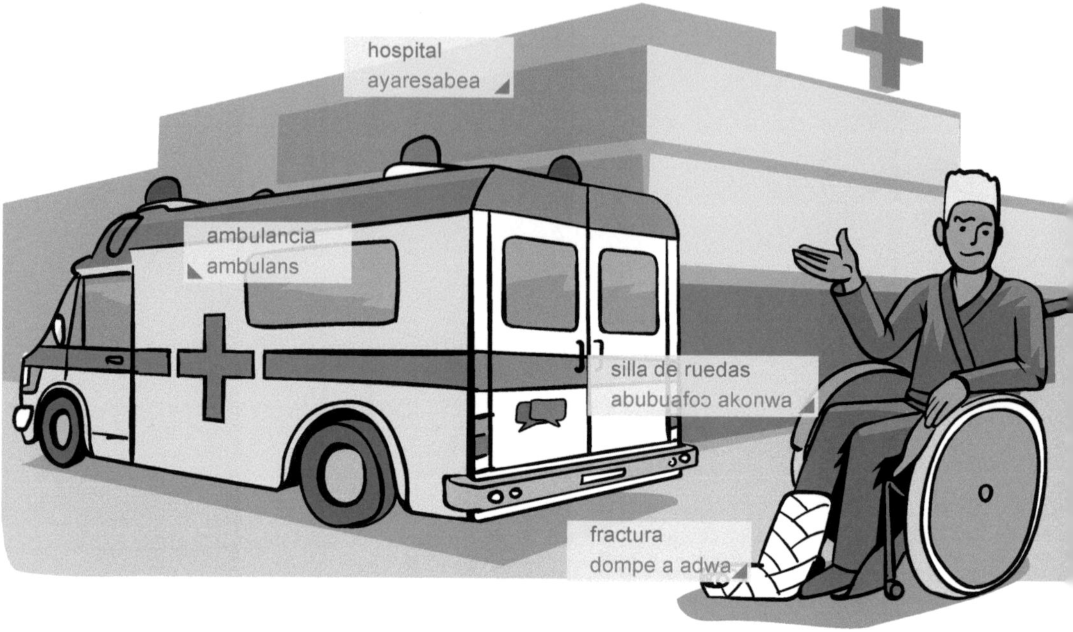

hospital
ayaresabea
ambulancia
ambulans
silla de ruedas
abubuafoɔ akonwa
fractura
dompe a adwa

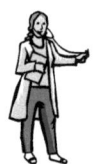

médico

dɔkota

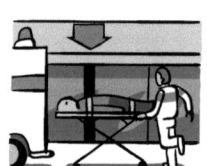

sala de guardia

ɛdan a wɔde putupru nsɛm kɔmu

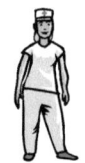

enfermera

nɛɛse

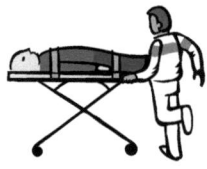

emergencia

putupru

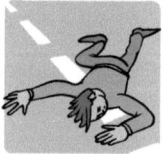

inconsciente

wɔ atwa ahwe

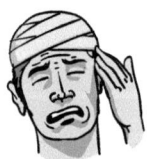

dolor

yea

lesión

epira

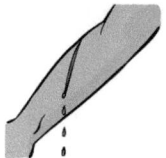

hemorragia

mogyatuo

infarto

akoma yarenini

ACV

stroke yareɛ

alergia

allegyi

tos

ɛwa

fiebre

ahoɔhyeɛ

gripe

papu

diarrea

ayamtuo

dolor de cabeza

tipaeɛ

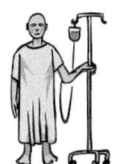

cáncer

kokoram

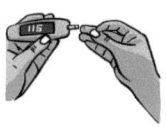

diabetes

asikyire yareɛ

cirujano

dɔkota a ɛyɛ oprehyɛn

bisturí

skapɛl sekan

operación

aprehyɛn

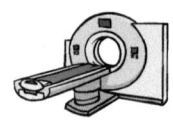

TC
CT

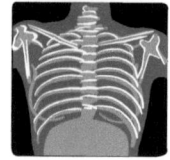

rayos x
x-ray

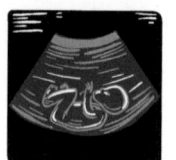

ecografía
ultrasound

barbijo
nkatanim

enfermedad
yareɛ

sala de espera
ɛdan a wɔ twɛn mu

muleta
krɔhyes

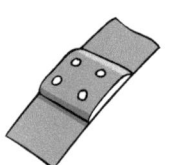

curita
plasta

venda
banege

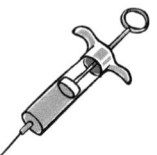

inyección
paneɛ

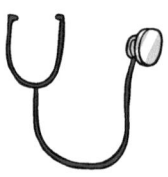

estetoscopio
Stetoskop

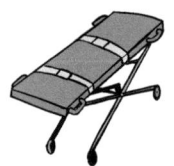

camilla
ahomankaa

termómetro
afidie a esusu ahoɔhyeɛ

nacimiento
awoɔ

sobrepeso
kɛseɛ mmorosoɔ

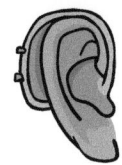

audífono

afidie a ɛboa asɛmtie

desinfectante

aduro a ekum mmoawa

infección

yareɛ a mmoawa deba

virus

vaarɔs

VIH / SIDA

HIV / AIDS

remedio

aduro

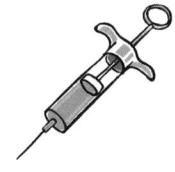

vacunación

aduro a esi yareɛ ano

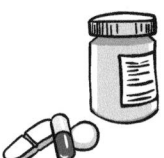

comprimidos

aduro tablɛte

pastilla anticonceptiva

topaeɛ

llamada de emergencia

ɔfrɛ wɔ putupru so

tensiómetro

afidie a esusu mogya
mmrosoɔ

enfermo / sano

yareɛ / apomuden

¡Ayuda!

Boa me!

alarma

kɔkɔbɔ

agresión

ɛbɔrɔ

ataque

ato ahyɛ obi so

peligro

ɛyɛ hu

salida de emergencia

baabi a yɛfa de pue putupru
so

¡Fuego!

Ogya!

matafuego

afidie a yɛde dumgya

accidente

nkwanhyia

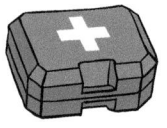

botiquín de primeros
auxilios

nneɛma yɛde sɔ yareɛ ano

SOS

SOS

policía

polisi

Europa

Yuropo

América del Norte

Amerika atifi

América del Sur

Amerika ananfɔ

África

Abiberm

Asia

Asia

Australia

Australia

Atlántico

Atlantik

Pacífico

Pasifek

Océano Índico

India po kɛseɛ

Océano Antártico

Antaatek po keseɛ

Océano Ártico

Aatek po kɛseɛ

polo norte

Ewiase atifi

polo sur

Ewiase anaafoɔ

Antártida

Antaatek

Tierra

Ewiase

tierra

asaase

mar

ɛpo

isla

supɔ

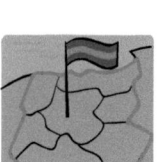

nación

ɔman

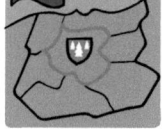

estado

ɔman

esfera

klɔko no anim

manecilla de las horas

dɔnhwere nsa no

minutero

sima nsa

segundero

anitɛtɛ nsa no

¿Qué hora es?

Abɔ sɛn?

día

da

hora

berɛ

ahora

seeseiara

reloj digital

wkye a nɔma wɔ so

minuto

sima

hora

dɔnhwere

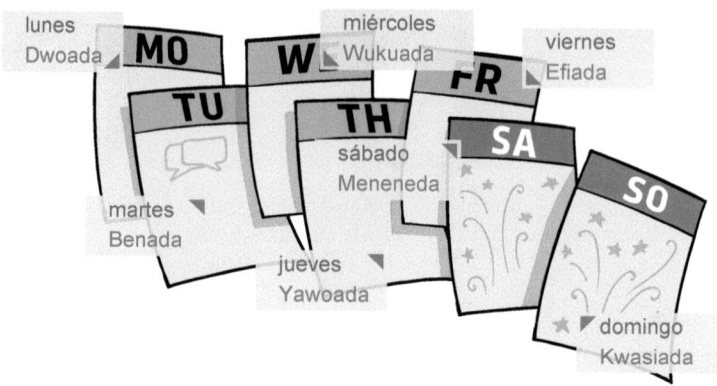

lunes
Dwoada

miércoles
Wukuada

viernes
Efiada

martes
Benada

sábado
Meneneda

jueves
Yawoada

domingo
Kwasiada

ayer
ɛnora

hoy
ɛnora

mañana
ɔkyina

mañana
anɔpa

mediodía
prɛmtobrɛ

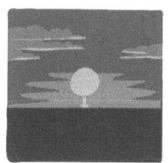

tarde
anwumerɛ

días hábiles
adwuma nna

fin de semana
nnawɔtwe awieɛ

año
afe

lluvia
nsutɔ
arco iris
nyankontɔn
nieve
asukɔkyea
viento
mframa
primavera
nsutɔbrɛ
otoño
autumnbrɛ
verano
awiabrɛ
invierno
awɔbrɛ

4.APRIL 11°
5.APRIL 4°
6.APRIL 13°
7.APRIL 8°
8.APRIL 10°

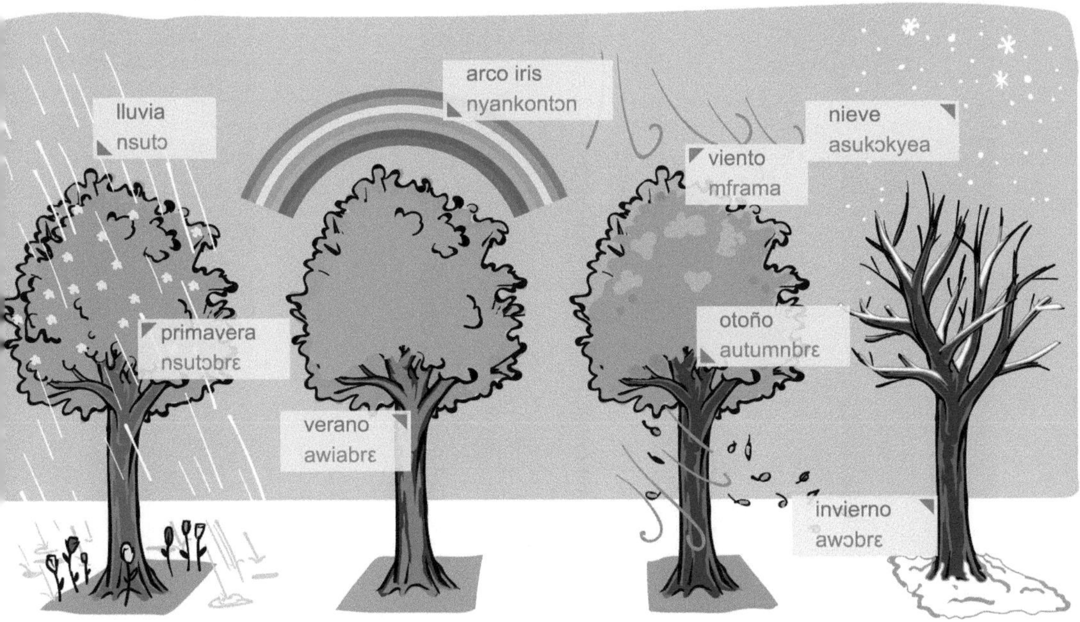

pronóstico meteorológico

ewiem nsakrɛɛɛ

F C
120 40
90 30
60 20
30 10
0 0
-30 -10
-20

termómetro

afidie a esusu ade ho hyeɛ

luz del sol

awiabɔ

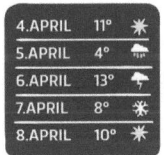

nube

munukum

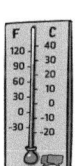

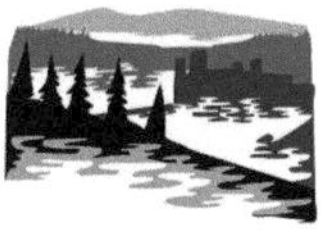

niebla

ɛbɔ

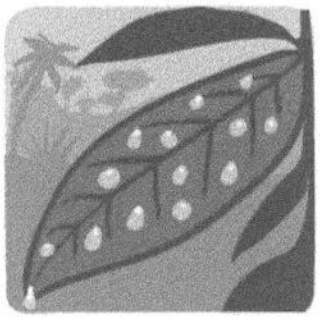

humedad

ewiem nsuo

rayo

ayerɛmo

trueno

apranaa

tormenta

ehum

granizo

asukɔkyea

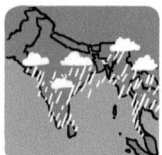

monzón

monsoonbrɛ

inundación

nsuyiri

hielo

aise

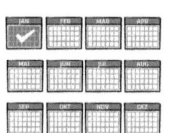

enero

ɔpɛpɔn

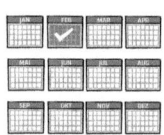

febrero

ɔgyefoɔ

marzo

ɔbɛnem

abril

Oforisuo

mayo

Kotonimaa

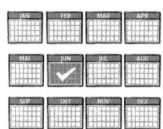

junio

Ayɛwohomumu

julio

Kitawonsa

agosto

ɔsanaa

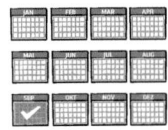

septiembre

ɛbɔ

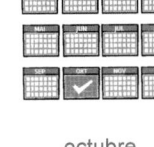

octubre

Ahinime

noviembre

Obubuo

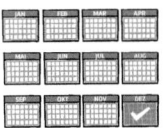

diciembre

ɔpɛnimaa

formas

abosuo

círculo

kanko

cuadrado

sokwɛɛ

rectángulo

rɛktangel

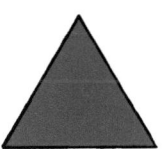

triángulo

triangel

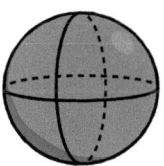

esfera

krukruwa

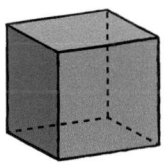

cubo

adaka

blanco

fitaa

amarillo

akokɔ sradeɛ

naranja

ankaa

rosa

pink

rojo

kɔkɔɔ

violeta

pɛpol

azul

bruu

verde

ahaban mono

marrón

braun

gris

nson

negro

tuntum

mucho / poco

pii / ketewa

enojado / tranquilo

wo boafu / wɔ adwo

lindo / feo

ɛyɛ fɛ / ɛyɛ tan

principio / fin

ahyɛseɛ / awieɛ

grande / chico

kɛseɛ / esua

claro / oscuro

ɛha / esum

hermano / hermana

nuabarima / nuabaa

limpio / sucio

ɛho te / ayɛ fin

completo / incompleto

awie / enwieɛ

día / noche

awia / anadwo

muerto / vivo

awu / ɛte ase

ancho / angosto

emubae / ɛyɛ tea

comestible / no comestible

yɛde /yɛnni

malo / amable

bɔne / tema

entusiasmado / aburrido

wɔ aniagye / wɔ ani nka

gordo / flaco

ɔso / teatea

primero / último

edikan / etwatoɔ

amigo / enemigo

adamfoɔ / atamfo

lleno / vacío

ayɛ mma / hwee nim

duro / blando

ɛdenden / mmerɛ mmerɛ

pesado / liviano

ɛyɛ duru / ɛyɛ ha

hambre / sed

ɛkɔm / nsukɔm

enfermo / sano

yareɛ / apomuden

ilegal / legal

etia mmara / ɛwɔ mmara mu

inteligente / estúpido

nyansa / gyimi

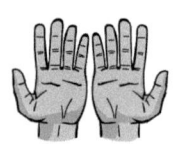

izquierda / derecha

benkum / nifa

cerca / lejos

ɛbɛn / akyire

nuevo / usado

foforɔ / dada

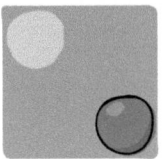

nada / algo

hwee / biribi

viejo / joven

wɔ anyini/ ɔsua

encendido / apagado

sɔ /dum

abierto / cerrado

bue / tom

silencioso / ruidoso

dinn / dede

rico / pobre

ɔdefoɔ / ohia

correcto / incorrecto

nifa / benkum

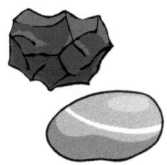

áspero / suave

werewerɛwerewerɛ /
trontron

triste / contento

awerɛhoɔ / anigyeɛ

corto / largo

tietia / tenten

lento / rápido

nyaa / ntɛm

mojado / seco

afɔ / awɔ

caliente / frío

dedɛɛdeɛɛ / adwo

guerra / paz

akoo / asomdweɛ

0

cero

hwee

1

uno

baako

2

dos

mienu

3

tres

meɛnsa

4

cuatro

ɛnan

5

cinco

enum

6

seis

nsia

7

siete

nson

8

ocho

nwɔtwe

9

nueve

nkron

10

diez

edu

11

once

du-baako

12

doce

du-mienu

13

trece

du-meɛnsa

14

catorce

du-nan

15

quince

du-num

16

dieciséis

du-nsia

17

diecisiete

de-nson

18

dieciocho

du-nwɔtwe

19

diecinueve

du-nkron

20

veinte

aduonu

100

cien

ɔha

1.000

mil

apem

1.000.000

millón

ɔpepem

inglés

Brɔfo

inglés americano

Amerikafoɔ Brɔfo

chino mandarín

Chainfoɔ Mandarin

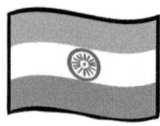

hindi

Hindi

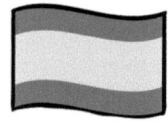

español

Spainfoɔ kasa

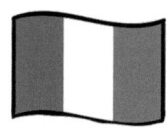

francés

French kasa

árabe

Arabia kasa

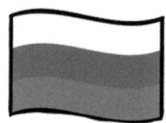

ruso

Russianfoɔ kasa

portugués

Portugalfoɔ kasa

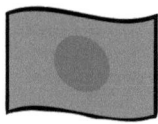

bengalí

Bengali

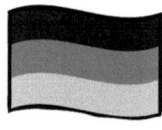

alemán

Germanfoɔ kasa

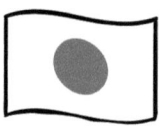

japonés

Japanfoɔ kasa

yo

Me

vos

wo

él / ella

ono

nosotros

yɛn

ustedes

wo

ellos

ɔmmo

¿quién?

hwan?

¿qué?

deɛ bɛn?

¿cómo?

ɛyɛ deɛn?

¿dónde?

ehen?

¿cuándo?

dabɛn?

nombre

edin

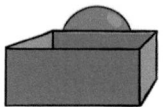

detrás

akyire

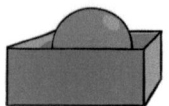

en

emu

adelante de

anim

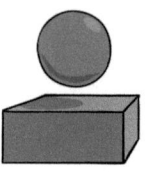

por encima de

ɛsoro

sobre

ɛso

debajo de

aseɛ

al lado de

nkyɛn

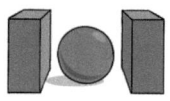

entre

ntɛm

lugar

beaɛ